全国人民代表大会常务委员会公报版

中华人民共和国反垄断法

(最新修正本)

中国民主法制出版社

图书在版编目（CIP）数据

中华人民共和国反垄断法：最新修正本/全国人大常委会办公厅供稿.—北京：中国民主法制出版社，2022.6

ISBN 978-7-5162-2849-4

Ⅰ.①中… Ⅱ.①全… Ⅲ.①反垄断法—中国 Ⅳ.①D922.294

中国版本图书馆 CIP 数据核字（2022）第 088871 号

书名/中华人民共和国反垄断法

出版·发行/中国民主法制出版社
地址/北京市丰台区右安门外玉林里 7 号 （100069）
电话/（010）63055259（总编室） 63058068 63057714（营销中心）
传真/（010）63055259
http://www.npcpub.com
E-mail:mzfz@npcpub.com
经销/新华书店
开本/32 开 850 毫米×1168 毫米
印张/1.5 字数/25 千字
版本/2022 年 6 月第 1 版 2022 年 6 月第 1 次印刷
印刷/三河市宏图印务有限公司

书号/ISBN 978-7-5162-2849-4
定价/8.00 元
出版声明/版权所有，侵权必究。

（如有缺页或倒装，本社负责退换）

目　录

中华人民共和国主席令（第一一六号）………（1）

全国人民代表大会常务委员会关于修改
　《中华人民共和国反垄断法》的决定………（3）

中华人民共和国反垄断法………………………（11）

关于《中华人民共和国反垄断法
　（修正草案）》的说明…………………………（31）

全国人民代表大会宪法和法律委员会关于
　《中华人民共和国反垄断法（修正草案）》
　审议结果的报告………………………………（36）

全国人民代表大会宪法和法律委员会关于
　《全国人民代表大会常务委员会关于修改
　　〈中华人民共和国反垄断法〉的决定（草案）》
　修改意见的报告………………………………（42）

中华人民共和国主席令

第一一六号

《全国人民代表大会常务委员会关于修改〈中华人民共和国反垄断法〉的决定》已由中华人民共和国第十三届全国人民代表大会常务委员会第三十五次会议于2022年6月24日通过，现予公布，自2022年8月1日起施行。

中华人民共和国主席　习近平
2022年6月24日

全国人民代表大会常务委员会关于修改《中华人民共和国反垄断法》的决定

(2022年6月24日第十三届全国人民代表大会常务委员会第三十五次会议通过)

第十三届全国人民代表大会常务委员会第三十五次会议决定对《中华人民共和国反垄断法》作如下修改：

一、将第四条修改为："反垄断工作坚持中国共产党的领导。

"国家坚持市场化、法治化原则，强化竞争政策基础地位，制定和实施与社会主义市场经济相适应的竞争规则，完善宏观调控，健全统一、开放、竞争、有序的市场体系。"

二、增加一条，作为第五条："国家建立健全公平竞争审查制度。

"行政机关和法律、法规授权的具有管理公共事务职能的组织在制定涉及市场主体经济活动的规定时，应当进行公平竞争审查。"

三、增加一条，作为第九条："经营者不得利用数据和算法、技术、资本优势以及平台规则等从事本法禁止的垄断行为。"

四、增加一条，作为第十一条："国家健全完善反垄断规则制度，强化反垄断监管力量，提高监管能力和监管体系现代化水平，加强反垄断执法司法，依法公正高效审理垄断案件，健全行政执法和司法衔接机制，维护公平竞争秩序。"

五、将第十条改为第十三条，第一款修改为："国务院反垄断执法机构负责反垄断统一执法工作。"

六、将第十三条第二款改为第十六条，第一款改为第十七条。

七、将第十四条改为第十八条，增加二款，作为第二款、第三款："对前款第一项和第二项规定的协议，经营者能够证明其不具有排除、限制竞争效果的，不予禁止。

"经营者能够证明其在相关市场的市场份额低于国务院反垄断执法机构规定的标准，并符合国务院反垄断执法机构规定的其他条件的，不予禁止。"

八、增加一条，作为第十九条："经营者不得组织其他经营者达成垄断协议或者为其他经营者达成垄断协议提供实质性帮助。"

九、将第十七条改为第二十二条，增加一款，作为第二款："具有市场支配地位的经营者不得利用数据和算法、技术以及平台规则等从事前款规定的滥用市场支配地位的行为。"

十、将第二十一条改为第二十六条，增加二款，作为第二款、第三款："经营者集中未达到国务院规定的申报标准，但有证据证明该经营者集中具有或者可能具有排除、限制竞争效果的，国务院反垄断执法机构可以要求经营者申报。

"经营者未依照前两款规定进行申报的，国务院反垄断执法机构应当依法进行调查。"

十一、增加一条，作为第三十二条："有下列情形之一的，国务院反垄断执法机构可以决定中止计算经营者集中的审查期限，并书面通知经营者：

"（一）经营者未按照规定提交文件、资料，导致审查工作无法进行；

"（二）出现对经营者集中审查具有重大影响的新情况、新事实，不经核实将导致审查工作无法进行；

"（三）需要对经营者集中附加的限制性条件进一步评估，且经营者提出中止请求。

"自中止计算审查期限的情形消除之日起，审查期限继续计算，国务院反垄断执法机构应当书面通知经营者。"

十二、增加一条，作为第三十七条："国务院反垄断执法机构应当健全经营者集中分类分级审查制度，依法加强对涉及国计民生等重要领域的经营者集中的审查，提高审查质量和效率。"

十三、增加一条，作为第四十条："行政机关和法律、法规授权的具有管理公共事务职能的组织不得滥用行政权力，通过与经营者签订合作协议、备忘录等方式，妨碍其他经营者进入相关市场或者对其他经营者实行不平等待遇，排除、限制竞争。"

十四、增加一条，作为第五十四条："反垄断执法机构依法对涉嫌滥用行政权力排除、限制竞争的行为进行调查，有关单位或者个人应当配合。"

十五、增加一条，作为第五十五条："经营者、行政机关和法律、法规授权的具有管理公共事务职能的组织，涉嫌违反本法规定的，反垄断执法机构可以对其法定代表人或者负责人进行约谈，要求其提出改进措施。"

十六、将第四十六条改为第五十六条，第一款修改为："经营者违反本法规定，达成并实施垄断协议的，由反垄断执法机构责令停止违法行为，没收违法所得，并处上一年度销售额百分之一以上百分之十以下的罚款，上一年度没有销售额的，处五百万元以下的罚款；尚未实施所达成的垄断协议的，可以处三百万元以下的罚款。经营者的法定代表人、主要负责人和直接责任人员对达成垄断协议负有个人责任的，可以处一百万元以下的罚款。"

增加一款，作为第二款："经营者组织其他经营者达成垄断协议或者为其他经营者达成垄断协议提供实质性帮助的，适用前款规定。"

将第三款改为第四款，其中的"反垄断执法机构可以处五十万元以下的罚款"修改为"由反垄断执法机构责令改正，可以处三百万元以下的罚款"。

十七、将第四十八条改为第五十八条，修改为："经营者违反本法规定实施集中，且具有或者可能具有排除、限制竞争效果的，由国务院反垄断执法机构责令停止实施集中、限期处分股份或者资产、限期转让营业以及采取其他必要措施恢复到集中前的状态，处上一年度销售额百分之十以下的罚款；不具有排除、限制竞争效果的，处五百万元以下的罚款。"

十八、将第五十条改为第六十条，增加一款，作为第二款："经营者实施垄断行为，损害社会公共利益的，设区的市级以上人民检察院可以依法向人民法院提起民事公益诉讼。"

十九、将第五十一条改为第六十一条，在第一款最后增加"行政机关和法律、法规授权的具有管理公共事务职能的组织应当将有关改正情况书面报告上级机关和反垄断执法机构。"

二十、将第五十二条改为第六十二条，其中的"对个人可以处二万元以下的罚款，对单位可以处二十万元以下的罚款；情节严重的，对个人处二万元以上十万元以下的罚款，对单位处二十万元以上一百万元以下的罚款；构成犯罪的，依法追究刑事责任"修改为"对单位处上一年度销售额百分之一以下的罚款，上一年度没有销售额或者销售额难以计算的，处五百万元以下的罚款；对个人处五十万元以下的罚款"。

二十一、增加一条，作为第六十三条："违反本法规定，情节特别严重、影响特别恶劣、造成特别严重后果的，国务院反垄断执法机构可以在本法第五十六条、第五十七条、第五十八条、第六十二条规定的罚款数额的二倍以上五倍以下确定具体罚款数额。"

二十二、增加一条，作为第六十四条："经营者因违反本法规定受到行政处罚的，按照国家有关规定记入信用记录，并向社会公示。"

二十三、将第五十四条改为第六十六条，修改为："反垄断执法机构工作人员滥用职权、玩忽职守、徇私舞弊或者泄露执法过程中知悉的商业秘密、个人隐私和个人信息的，依法给予处分。"

二十四、增加一条，作为第六十七条："违反本法规定，构成犯罪的，依法追究刑事责任。"

二十五、对部分条文作以下修改：

（一）在第一条中的"保护市场公平竞争"后增加

"鼓励创新"。

（二）将第十一条改为第十四条，在"引导本行业的经营者依法竞争"后增加"合规经营"。

（三）将第十二条改为第十五条，第一款中的"其他组织"修改为"非法人组织"。

（四）将第十五条改为第二十条，其中的"不适用本法第十三条、第十四条"修改为"不适用本法第十七条、第十八条第一款、第十九条"。

（五）将第三十四条改为第四十二条，其中的"排斥或者限制外地经营者参加本地的招标投标活动"修改为"排斥或者限制经营者参加招标投标以及其他经营活动"。

（六）将第三十五条改为第四十三条，其中的"排斥或者限制外地经营者在本地投资或者设立分支机构"修改为"排斥、限制、强制或者变相强制外地经营者在本地投资或者设立分支机构"。

（七）将第三十六条改为第四十四条，其中的"强制经营者从事本法规定的垄断行为"修改为"强制或者变相强制经营者从事本法规定的垄断行为"。

（八）将第三十七条改为第四十五条，在"行政机关"后增加"和法律、法规授权的具有管理公共事务职能的组织"。

（九）将第四十一条改为第四十九条，在"商业秘密"后增加"个人隐私和个人信息"，将"负有保密义务"修改为"依法负有保密义务"。

（十）将第四十九条改为第五十九条，其中的"性质、程度和持续的时间"修改为"性质、程度、持续时间和消除违法行为后果的情况"。

本决定自 2022 年 8 月 1 日起施行。

《中华人民共和国反垄断法》根据本决定作相应修改并对条文顺序作相应调整，重新公布。

中华人民共和国反垄断法

（2007年8月30日第十届全国人民代表大会常务委员会第二十九次会议通过 根据2022年6月24日第十三届全国人民代表大会常务委员会第三十五次会议《关于修改〈中华人民共和国反垄断法〉的决定》修正）

目 录

第一章 总　　则
第二章 垄断协议
第三章 滥用市场支配地位
第四章 经营者集中
第五章 滥用行政权力排除、限制竞争
第六章 对涉嫌垄断行为的调查
第七章 法律责任
第八章 附　　则

第一章 总 则

第一条 为了预防和制止垄断行为,保护市场公平竞争,鼓励创新,提高经济运行效率,维护消费者利益和社会公共利益,促进社会主义市场经济健康发展,制定本法。

第二条 中华人民共和国境内经济活动中的垄断行为,适用本法;中华人民共和国境外的垄断行为,对境内市场竞争产生排除、限制影响的,适用本法。

第三条 本法规定的垄断行为包括:

(一) 经营者达成垄断协议;

(二) 经营者滥用市场支配地位;

(三) 具有或者可能具有排除、限制竞争效果的经营者集中。

第四条 反垄断工作坚持中国共产党的领导。

国家坚持市场化、法治化原则,强化竞争政策基础地位,制定和实施与社会主义市场经济相适应的竞争规则,完善宏观调控,健全统一、开放、竞争、有序的市场体系。

第五条 国家建立健全公平竞争审查制度。

行政机关和法律、法规授权的具有管理公共事务职能的组织在制定涉及市场主体经济活动的规定时,应当进行公平竞争审查。

第六条 经营者可以通过公平竞争、自愿联合，依法实施集中，扩大经营规模，提高市场竞争能力。

第七条 具有市场支配地位的经营者，不得滥用市场支配地位，排除、限制竞争。

第八条 国有经济占控制地位的关系国民经济命脉和国家安全的行业以及依法实行专营专卖的行业，国家对其经营者的合法经营活动予以保护，并对经营者的经营行为及其商品和服务的价格依法实施监管和调控，维护消费者利益，促进技术进步。

前款规定行业的经营者应当依法经营，诚实守信，严格自律，接受社会公众的监督，不得利用其控制地位或者专营专卖地位损害消费者利益。

第九条 经营者不得利用数据和算法、技术、资本优势以及平台规则等从事本法禁止的垄断行为。

第十条 行政机关和法律、法规授权的具有管理公共事务职能的组织不得滥用行政权力，排除、限制竞争。

第十一条 国家健全完善反垄断规则制度，强化反垄断监管力量，提高监管能力和监管体系现代化水平，加强反垄断执法司法，依法公正高效审理垄断案件，健全行政执法和司法衔接机制，维护公平竞争秩序。

第十二条 国务院设立反垄断委员会，负责组织、协调、指导反垄断工作，履行下列职责：

（一）研究拟订有关竞争政策；

（二）组织调查、评估市场总体竞争状况，发布评估报告；

（三）制定、发布反垄断指南；

（四）协调反垄断行政执法工作；

（五）国务院规定的其他职责。

国务院反垄断委员会的组成和工作规则由国务院规定。

第十三条 国务院反垄断执法机构负责反垄断统一执法工作。

国务院反垄断执法机构根据工作需要，可以授权省、自治区、直辖市人民政府相应的机构，依照本法规定负责有关反垄断执法工作。

第十四条 行业协会应当加强行业自律，引导本行业的经营者依法竞争，合规经营，维护市场竞争秩序。

第十五条 本法所称经营者，是指从事商品生产、经营或者提供服务的自然人、法人和非法人组织。

本法所称相关市场，是指经营者在一定时期内就特定商品或者服务（以下统称商品）进行竞争的商品范围和地域范围。

第二章　垄断协议

第十六条 本法所称垄断协议，是指排除、限制竞争的协议、决定或者其他协同行为。

第十七条　禁止具有竞争关系的经营者达成下列垄断协议：

（一）固定或者变更商品价格；

（二）限制商品的生产数量或者销售数量；

（三）分割销售市场或者原材料采购市场；

（四）限制购买新技术、新设备或者限制开发新技术、新产品；

（五）联合抵制交易；

（六）国务院反垄断执法机构认定的其他垄断协议。

第十八条　禁止经营者与交易相对人达成下列垄断协议：

（一）固定向第三人转售商品的价格；

（二）限定向第三人转售商品的最低价格；

（三）国务院反垄断执法机构认定的其他垄断协议。

对前款第一项和第二项规定的协议，经营者能够证明其不具有排除、限制竞争效果的，不予禁止。

经营者能够证明其在相关市场的市场份额低于国务院反垄断执法机构规定的标准，并符合国务院反垄断执法机构规定的其他条件的，不予禁止。

第十九条　经营者不得组织其他经营者达成垄断协议或者为其他经营者达成垄断协议提供实质性帮助。

第二十条　经营者能够证明所达成的协议属于下列情形之一的，不适用本法第十七条、第十八条第一款、第十九条的规定：

（一）为改进技术、研究开发新产品的；

（二）为提高产品质量、降低成本、增进效率，统一产品规格、标准或者实行专业化分工的；

（三）为提高中小经营者经营效率，增强中小经营者竞争力的；

（四）为实现节约能源、保护环境、救灾救助等社会公共利益的；

（五）因经济不景气，为缓解销售量严重下降或者生产明显过剩的；

（六）为保障对外贸易和对外经济合作中的正当利益的；

（七）法律和国务院规定的其他情形。

属于前款第一项至第五项情形，不适用本法第十七条、第十八条第一款、第十九条规定的，经营者还应当证明所达成的协议不会严重限制相关市场的竞争，并且能够使消费者分享由此产生的利益。

第二十一条　行业协会不得组织本行业的经营者从事本章禁止的垄断行为。

第三章　滥用市场支配地位

第二十二条　禁止具有市场支配地位的经营者从事下列滥用市场支配地位的行为：

（一）以不公平的高价销售商品或者以不公平的低

价购买商品；

（二）没有正当理由，以低于成本的价格销售商品；

（三）没有正当理由，拒绝与交易相对人进行交易；

（四）没有正当理由，限定交易相对人只能与其进行交易或者只能与其指定的经营者进行交易；

（五）没有正当理由搭售商品，或者在交易时附加其他不合理的交易条件；

（六）没有正当理由，对条件相同的交易相对人在交易价格等交易条件上实行差别待遇；

（七）国务院反垄断执法机构认定的其他滥用市场支配地位的行为。

具有市场支配地位的经营者不得利用数据和算法、技术以及平台规则等从事前款规定的滥用市场支配地位的行为。

本法所称市场支配地位，是指经营者在相关市场内具有能够控制商品价格、数量或者其他交易条件，或者能够阻碍、影响其他经营者进入相关市场能力的市场地位。

第二十三条 认定经营者具有市场支配地位，应当依据下列因素：

（一）该经营者在相关市场的市场份额，以及相关市场的竞争状况；

（二）该经营者控制销售市场或者原材料采购市场的能力；

（三）该经营者的财力和技术条件；

（四）其他经营者对该经营者在交易上的依赖程度；

（五）其他经营者进入相关市场的难易程度；

（六）与认定该经营者市场支配地位有关的其他因素。

第二十四条　有下列情形之一的，可以推定经营者具有市场支配地位：

（一）一个经营者在相关市场的市场份额达到二分之一的；

（二）两个经营者在相关市场的市场份额合计达到三分之二的；

（三）三个经营者在相关市场的市场份额合计达到四分之三的。

有前款第二项、第三项规定的情形，其中有的经营者市场份额不足十分之一的，不应当推定该经营者具有市场支配地位。

被推定具有市场支配地位的经营者，有证据证明不具有市场支配地位的，不应当认定其具有市场支配地位。

第四章　经营者集中

第二十五条　经营者集中是指下列情形：

（一）经营者合并；

（二）经营者通过取得股权或者资产的方式取得对其他经营者的控制权；

（三）经营者通过合同等方式取得对其他经营者的控制权或者能够对其他经营者施加决定性影响。

第二十六条 经营者集中达到国务院规定的申报标准的，经营者应当事先向国务院反垄断执法机构申报，未申报的不得实施集中。

经营者集中未达到国务院规定的申报标准，但有证据证明该经营者集中具有或者可能具有排除、限制竞争效果的，国务院反垄断执法机构可以要求经营者申报。

经营者未依照前两款规定进行申报的，国务院反垄断执法机构应当依法进行调查。

第二十七条 经营者集中有下列情形之一的，可以不向国务院反垄断执法机构申报：

（一）参与集中的一个经营者拥有其他每个经营者百分之五十以上有表决权的股份或者资产的；

（二）参与集中的每个经营者百分之五十以上有表决权的股份或者资产被同一个未参与集中的经营者拥有的。

第二十八条 经营者向国务院反垄断执法机构申报集中，应当提交下列文件、资料：

（一）申报书；

（二）集中对相关市场竞争状况影响的说明；

（三）集中协议；

（四）参与集中的经营者经会计师事务所审计的上一会计年度财务会计报告；

（五）国务院反垄断执法机构规定的其他文件、资料。

申报书应当载明参与集中的经营者的名称、住所、经营范围、预定实施集中的日期和国务院反垄断执法机构规定的其他事项。

第二十九条 经营者提交的文件、资料不完备的，应当在国务院反垄断执法机构规定的期限内补交文件、资料。经营者逾期未补交文件、资料的，视为未申报。

第三十条 国务院反垄断执法机构应当自收到经营者提交的符合本法第二十八条规定的文件、资料之日起三十日内，对申报的经营者集中进行初步审查，作出是否实施进一步审查的决定，并书面通知经营者。国务院反垄断执法机构作出决定前，经营者不得实施集中。

国务院反垄断执法机构作出不实施进一步审查的决定或者逾期未作出决定的，经营者可以实施集中。

第三十一条 国务院反垄断执法机构决定实施进一步审查的，应当自决定之日起九十日内审查完毕，作出是否禁止经营者集中的决定，并书面通知经营者。作出禁止经营者集中的决定，应当说明理由。审查期间，经营者不得实施集中。

有下列情形之一的，国务院反垄断执法机构经书面通知经营者，可以延长前款规定的审查期限，但最长不得超过六十日：

（一）经营者同意延长审查期限的；

（二）经营者提交的文件、资料不准确，需要进一步核实的；

（三）经营者申报后有关情况发生重大变化的。

国务院反垄断执法机构逾期未作出决定的，经营者可以实施集中。

第三十二条 有下列情形之一的，国务院反垄断执法机构可以决定中止计算经营者集中的审查期限，并书面通知经营者：

（一）经营者未按照规定提交文件、资料，导致审查工作无法进行的；

（二）出现对经营者集中审查具有重大影响的新情况、新事实，不经核实将导致审查工作无法进行的；

（三）需要对经营者集中附加的限制性条件进一步评估，且经营者提出中止请求的。

自中止计算审查期限的情形消除之日起，审查期限继续计算，国务院反垄断执法机构应当书面通知经营者。

第三十三条 审查经营者集中，应当考虑下列因素：

（一）参与集中的经营者在相关市场的市场份额及其对市场的控制力；

（二）相关市场的市场集中度；

（三）经营者集中对市场进入、技术进步的影响；

（四）经营者集中对消费者和其他有关经营者的影响；

（五）经营者集中对国民经济发展的影响；

（六）国务院反垄断执法机构认为应当考虑的影响市场竞争的其他因素。

第三十四条 经营者集中具有或者可能具有排除、限制竞争效果的，国务院反垄断执法机构应当作出禁止经营者集中的决定。但是，经营者能够证明该集中对竞争产生的有利影响明显大于不利影响，或者符合社会公共利益的，国务院反垄断执法机构可以作出对经营者集中不予禁止的决定。

第三十五条 对不予禁止的经营者集中，国务院反垄断执法机构可以决定附加减少集中对竞争产生不利影响的限制性条件。

第三十六条 国务院反垄断执法机构应当将禁止经营者集中的决定或者对经营者集中附加限制性条件的决定，及时向社会公布。

第三十七条 国务院反垄断执法机构应当健全经营者集中分类分级审查制度，依法加强对涉及国计民生等重要领域的经营者集中的审查，提高审查质量和效率。

第三十八条 对外资并购境内企业或者以其他方式参与经营者集中，涉及国家安全的，除依照本法规定进行经营者集中审查外，还应当按照国家有关规定进行国家安全审查。

第五章　滥用行政权力排除、限制竞争

第三十九条　行政机关和法律、法规授权的具有管理公共事务职能的组织不得滥用行政权力,限定或者变相限定单位或者个人经营、购买、使用其指定的经营者提供的商品。

第四十条　行政机关和法律、法规授权的具有管理公共事务职能的组织不得滥用行政权力,通过与经营者签订合作协议、备忘录等方式,妨碍其他经营者进入相关市场或者对其他经营者实行不平等待遇,排除、限制竞争。

第四十一条　行政机关和法律、法规授权的具有管理公共事务职能的组织不得滥用行政权力,实施下列行为,妨碍商品在地区之间的自由流通:

(一)对外地商品设定歧视性收费项目、实行歧视性收费标准,或者规定歧视性价格;

(二)对外地商品规定与本地同类商品不同的技术要求、检验标准,或者对外地商品采取重复检验、重复认证等歧视性技术措施,限制外地商品进入本地市场;

(三)采取专门针对外地商品的行政许可,限制外地商品进入本地市场;

(四)设置关卡或者采取其他手段,阻碍外地商品进入或者本地商品运出;

（五）妨碍商品在地区之间自由流通的其他行为。

第四十二条 行政机关和法律、法规授权的具有管理公共事务职能的组织不得滥用行政权力，以设定歧视性资质要求、评审标准或者不依法发布信息等方式，排斥或者限制经营者参加招标投标以及其他经营活动。

第四十三条 行政机关和法律、法规授权的具有管理公共事务职能的组织不得滥用行政权力，采取与本地经营者不平等待遇等方式，排斥、限制、强制或者变相强制外地经营者在本地投资或者设立分支机构。

第四十四条 行政机关和法律、法规授权的具有管理公共事务职能的组织不得滥用行政权力，强制或者变相强制经营者从事本法规定的垄断行为。

第四十五条 行政机关和法律、法规授权的具有管理公共事务职能的组织不得滥用行政权力，制定含有排除、限制竞争内容的规定。

第六章　对涉嫌垄断行为的调查

第四十六条 反垄断执法机构依法对涉嫌垄断行为进行调查。

对涉嫌垄断行为，任何单位和个人有权向反垄断执法机构举报。反垄断执法机构应当为举报人保密。

举报采用书面形式并提供相关事实和证据的，反垄断执法机构应当进行必要的调查。

第四十七条　反垄断执法机构调查涉嫌垄断行为，可以采取下列措施：

（一）进入被调查的经营者的营业场所或者其他有关场所进行检查；

（二）询问被调查的经营者、利害关系人或者其他有关单位或者个人，要求其说明有关情况；

（三）查阅、复制被调查的经营者、利害关系人或者其他有关单位或者个人的有关单证、协议、会计账簿、业务函电、电子数据等文件、资料；

（四）查封、扣押相关证据；

（五）查询经营者的银行账户。

采取前款规定的措施，应当向反垄断执法机构主要负责人书面报告，并经批准。

第四十八条　反垄断执法机构调查涉嫌垄断行为，执法人员不得少于二人，并应当出示执法证件。

执法人员进行询问和调查，应当制作笔录，并由被询问人或者被调查人签字。

第四十九条　反垄断执法机构及其工作人员对执法过程中知悉的商业秘密、个人隐私和个人信息依法负有保密义务。

第五十条　被调查的经营者、利害关系人或者其他有关单位或者个人应当配合反垄断执法机构依法履行职责，不得拒绝、阻碍反垄断执法机构的调查。

第五十一条　被调查的经营者、利害关系人有权陈述意见。反垄断执法机构应当对被调查的经营者、利害关系人提出的事实、理由和证据进行核实。

第五十二条 反垄断执法机构对涉嫌垄断行为调查核实后，认为构成垄断行为的，应当依法作出处理决定，并可以向社会公布。

第五十三条 对反垄断执法机构调查的涉嫌垄断行为，被调查的经营者承诺在反垄断执法机构认可的期限内采取具体措施消除该行为后果的，反垄断执法机构可以决定中止调查。中止调查的决定应当载明被调查的经营者承诺的具体内容。

反垄断执法机构决定中止调查的，应当对经营者履行承诺的情况进行监督。经营者履行承诺的，反垄断执法机构可以决定终止调查。

有下列情形之一的，反垄断执法机构应当恢复调查：

（一）经营者未履行承诺的；

（二）作出中止调查决定所依据的事实发生重大变化的；

（三）中止调查的决定是基于经营者提供的不完整或者不真实的信息作出的。

第五十四条 反垄断执法机构依法对涉嫌滥用行政权力排除、限制竞争的行为进行调查，有关单位或者个人应当配合。

第五十五条 经营者、行政机关和法律、法规授权的具有管理公共事务职能的组织，涉嫌违反本法规定的，反垄断执法机构可以对其法定代表人或者负责人进行约谈，要求其提出改进措施。

第七章　法律责任

第五十六条　经营者违反本法规定，达成并实施垄断协议的，由反垄断执法机构责令停止违法行为，没收违法所得，并处上一年度销售额百分之一以上百分之十以下的罚款，上一年度没有销售额的，处五百万元以下的罚款；尚未实施所达成的垄断协议的，可以处三百万元以下的罚款。经营者的法定代表人、主要负责人和直接责任人员对达成垄断协议负有个人责任的，可以处一百万元以下的罚款。

经营者组织其他经营者达成垄断协议或者为其他经营者达成垄断协议提供实质性帮助的，适用前款规定。

经营者主动向反垄断执法机构报告达成垄断协议的有关情况并提供重要证据的，反垄断执法机构可以酌情减轻或者免除对该经营者的处罚。

行业协会违反本法规定，组织本行业的经营者达成垄断协议的，由反垄断执法机构责令改正，可以处三百万元以下的罚款；情节严重的，社会团体登记管理机关可以依法撤销登记。

第五十七条　经营者违反本法规定，滥用市场支配地位的，由反垄断执法机构责令停止违法行为，没收违法所得，并处上一年度销售额百分之一以上百分之十以下的罚款。

第五十八条 经营者违反本法规定实施集中，且具有或者可能具有排除、限制竞争效果的，由国务院反垄断执法机构责令停止实施集中、限期处分股份或者资产、限期转让营业以及采取其他必要措施恢复到集中前的状态，处上一年度销售额百分之十以下的罚款；不具有排除、限制竞争效果的，处五百万元以下的罚款。

第五十九条 对本法第五十六条、第五十七条、第五十八条规定的罚款，反垄断执法机构确定具体罚款数额时，应当考虑违法行为的性质、程度、持续时间和消除违法行为后果的情况等因素。

第六十条 经营者实施垄断行为，给他人造成损失的，依法承担民事责任。

经营者实施垄断行为，损害社会公共利益的，设区的市级以上人民检察院可以依法向人民法院提起民事公益诉讼。

第六十一条 行政机关和法律、法规授权的具有管理公共事务职能的组织滥用行政权力，实施排除、限制竞争行为的，由上级机关责令改正；对直接负责的主管人员和其他直接责任人员依法给予处分。反垄断执法机构可以向有关上级机关提出依法处理的建议。行政机关和法律、法规授权的具有管理公共事务职能的组织应当将有关改正情况书面报告上级机关和反垄断执法机构。

法律、行政法规对行政机关和法律、法规授权的具有管理公共事务职能的组织滥用行政权力实施排除、限制竞争行为的处理另有规定的，依照其规定。

第六十二条 对反垄断执法机构依法实施的审查和调查，拒绝提供有关材料、信息，或者提供虚假材料、信息，或者隐匿、销毁、转移证据，或者有其他拒绝、阻碍调查行为的，由反垄断执法机构责令改正，对单位处上一年度销售额百分之一以下的罚款，上一年度没有销售额或者销售额难以计算的，处五百万元以下的罚款；对个人处五十万元以下的罚款。

第六十三条 违反本法规定，情节特别严重、影响特别恶劣、造成特别严重后果的，国务院反垄断执法机构可以在本法第五十六条、第五十七条、第五十八条、第六十二条规定的罚款数额的二倍以上五倍以下确定具体罚款数额。

第六十四条 经营者因违反本法规定受到行政处罚的，按照国家有关规定记入信用记录，并向社会公示。

第六十五条 对反垄断执法机构依据本法第三十四条、第三十五条作出的决定不服的，可以先依法申请行政复议；对行政复议决定不服的，可以依法提起行政诉讼。

对反垄断执法机构作出的前款规定以外的决定不服的，可以依法申请行政复议或者提起行政诉讼。

第六十六条　反垄断执法机构工作人员滥用职权、玩忽职守、徇私舞弊或者泄露执法过程中知悉的商业秘密、个人隐私和个人信息的，依法给予处分。

第六十七条　违反本法规定，构成犯罪的，依法追究刑事责任。

第八章　附　　则

第六十八条　经营者依照有关知识产权的法律、行政法规规定行使知识产权的行为，不适用本法；但是，经营者滥用知识产权，排除、限制竞争的行为，适用本法。

第六十九条　农业生产者及农村经济组织在农产品生产、加工、销售、运输、储存等经营活动中实施的联合或者协同行为，不适用本法。

第七十条　本法自2008年8月1日起施行。

关于《中华人民共和国反垄断法（修正草案）》的说明

——2021年10月19日在第十三届全国人民代表大会常务委员会第三十一次会议上

国家市场监督管理总局局长　张　工

委员长、各位副委员长、秘书长、各位委员：

我受国务院委托，现对《中华人民共和国反垄断法（修正草案）》作说明。

一、修改的背景和过程

党中央、国务院高度重视强化反垄断和防止资本无序扩张。习近平总书记多次作出重要指示，强调反垄断、反不正当竞争是完善社会主义市场经济体制、推动高质量发展的内在要求，要健全法律法规，加强对平台企业垄断的规制，坚决反对垄断和不正当竞争，要更好统筹发展和安全、国内和国际，促进公平竞争，反对垄断，防止资本无序扩张。李克强总理强调，国家支持平台企业创新发展、增强国际竞争力，同时要依法规范发展，健全数字规则，坚决维护公平竞争市场环境。

反垄断法是市场经济的基础性法律制度。我国现行反垄断法自2008年施行以来，对于保护公平竞争、提高经济运行效率、维护消费者利益和社会公共利益、促进高质量发展等发挥了十分重要的作用。实践证明，现行反垄断法的框架和主要制度总体可行。同时，随着我国社会主义市场经济的发展，反垄断法在实施中也暴露出相关制度规定较为原则、对部分垄断行为处罚力度不够、执法体制需要进一步健全等问题。特别是随着平台经济等新业态快速发展，一些大型平台经营者滥用数据、技术、资本等优势实施垄断行为、进行无序扩张，导致妨碍公平竞争、抑制创业创新、扰乱经济秩序、损害消费者权益等问题日益突出，迫切需要明确反垄断相关制度在平台经济领域的具体适用规则，以加强反垄断监管。修改完善反垄断法，是我国社会主义市场经济发展的内在要求，是助力构建新发展格局的客观需要，十分必要也非常迫切，并分别列入全国人大常委会和国务院2021年立法工作计划。

为贯彻落实党中央、国务院决策部署，市场监管总局起草了《中华人民共和国反垄断法（修订草案送审稿)》,并向社会公开征求意见。司法部征求了有关部门、省级政府和部分行业协会、企业的意见,并会同市场监管总局就有关问题多次沟通协调、反复修改完善,形成了《中华人民共和国反垄断法(修正草案)》(以下简称草案)。草案已经国务院同意。

二、修改的总体思路和主要内容

在反垄断法修改过程中,主要遵循以下思路:一是深入贯彻落实习近平总书记关于强化反垄断和防止资本无序扩张的重要指示精神和党中央、国务院决策部署,确保修法工作的正确方向。二是坚持问题导向和目标导向,处理好规范与发展的关系,针对反垄断法实施中存在的突出问题,进一步完善反垄断相关制度,加大对垄断行为的处罚力度,为强化反垄断和防止资本无序扩张提供更加明确的法律依据和更加有力的制度保障。三是准确把握反垄断法作为基础性法律的定位和反垄断执法的专业性、复杂性等特点,在完善基本制度规则的同时,为制定反垄断指南和其他配套规定留出空间。

草案共27条,对现行反垄断法主要作了四个方面修改,内容如下:

(一)明确了竞争政策的基础地位和公平竞争审查制度的法律地位。草案在规定国家强化竞争政策基础地位的同时,规定国家建立健全公平竞争审查制度;行政机关和法律、法规授权的具有管理公共事务职能的组织,在制定涉及市场主体经济活动的规定时,应当进行

公平竞争审查。(第一条、第二条)

（二）进一步完善反垄断相关制度规则。草案总结反垄断执法实践，借鉴国际经验，对反垄断相关制度规则作了进一步完善，包括：增加规定经营者不得滥用数据和算法、技术、资本优势以及平台规则等排除、限制竞争（第三条）；规定经营者不得组织其他经营者达成垄断协议或者为其他经营者达成垄断协议提供实质性帮助（第七条）；建立"安全港"制度，规定达成垄断协议的经营者能够证明其在相关市场的市场份额低于国务院反垄断执法机构规定的标准的，原则上不予禁止（第八条）；明确规定具有市场支配地位的经营者利用数据和算法、技术以及平台规则等设置障碍，对其他经营者进行不合理限制的，属于滥用市场支配地位的行为（第九条）；建立经营者集中审查期限"停钟"制度，规定在经营者未按规定提交文件、资料导致审查工作无法进行，以及出现对经营者集中审查具有重大影响的新情况、新事实需要进行核实等情况下，国务院反垄断执法机构可以决定中止计算经营者集中的审查期限（第十一条）；规定国务院反垄断执法机构应当依法加强民生、金融、科技、媒体等领域经营者集中的审查（第十二条）；为防止行政机关和法律、法规授权的具有管理公共事务职能的组织滥用行政权力，形成单一市场主体垄断，妨碍其他市场主体公平参与市场竞争，规定行政机关和法律、法规授权的具有管理公共事务职能的组织不得滥用行政权力,通过与经营者签订合作协议、备忘录等方式,妨碍其他经营者进入相关市场或者对其他经营者实行不平等待遇,排除、限制竞争(第十三条)。

(三)进一步加强对反垄断执法的保障。增加规定了反垄断执法机构依法对滥用行政权力排除、限制竞争的行为进行调查时有关单位或者个人的配合义务,并规定对涉嫌违法行为的经营者、行政机关和法律、法规授权的具有管理公共事务职能的组织,反垄断执法机构可以对其法定代表人或者负责人进行约谈,要求其采取措施进行整改。(第十四条、第十五条)

(四)完善法律责任,加大处罚力度。针对反垄断执法中反映出的问题,大幅提高了对相关违法行为的罚款数额,增加了对达成垄断协议的经营者的法定代表人、主要负责人和直接责任人员的处罚规定。(第十六条、第十七条、第十八条、第二十一条、第二十二条)增加了信用惩戒的规定。(第二十三条)

此外,根据机构改革情况,明确国务院市场监督管理部门作为国务院反垄断执法机构,负责反垄断统一执法工作。(第四条)为更好维护社会公共利益,规定经营者实施垄断行为,侵害社会公共利益的,人民检察院可以依法向人民法院提起民事公益诉讼。(第十九条)

草案和以上说明是否妥当,请审议。

全国人民代表大会宪法和法律委员会关于《中华人民共和国反垄断法(修正草案)》审议结果的报告

全国人民代表大会常务委员会：

常委会第三十一次会议对反垄断法修正草案进行了初次审议。会后，法制工作委员会将修正草案印发各省（区、市）和部分较大的市人大、中央有关部门以及部分基层立法联系点、全国人大代表、研究机构等征求意见，在中国人大网全文公布修正草案征求社会公众意见。宪法和法律委员会、财政经济委员会、法制工作委员会联合召开座谈会，听取中央有关部门、全国人大代表、协会、企业、专家学者对修正草案的意见；并就修正草案的有关问题同有关方面交换意见，共同研究。宪法和法律委员会于5月17日召开会议，根据委员长会议精神、常委会组成人员审议意见和各方面的意见，对修正草案进行了逐条审议，财政经济委员会有关负责同志列席了会议，同时书面征求了最高人民法院、司法部、国家市场监督管理总局的意见。6月14日，宪法和法律委员会召开会议，再次进行了审议。宪法和法律委员会认为，为进一步预防和制止垄断行为，保护市场公平竞争，修改反垄断法是必要的；修正草案经过审议修改，已经比较成熟。同时，提出以下主要修改意见：

一、根据有关部门意见，增加反垄断工作坚持党的领导的规定。

二、有的常委委员和部门、单位、专家学者建议，进一步明确反垄断相关制度在平台经济领域的具体适用规则，完善修正草案的相关规定。宪法和法律委员会经研究，建议作以下修改：一是将修正草案第三条第二款单独作为一条，修改为：经营者不得利用数据和算法、技术、资本优势以及平台规则等从事本法规定的垄断行为，排除、限制竞争。二是将修正草案第九条修改为：具有市场支配地位的经营者不得利用数据和算法、技术以及平台规则等从事前款规定的滥用市场支配地位的行为。

三、有的常委会组成人员和地方、部门建议规定人民法院可以对法律明示以外的垄断协议、滥用市场支配地位行为等进行认定；也有的意见提出，垄断案件的处理，政策性较强，对经济生活影响较大，由人民法院对法律明示以外的垄断行为进行认定是否合适，建议慎重研究。宪法和法律委员会经同有关方面研究后认为：人民法院审理垄断案件，在作出判决时需要对是否构成垄断行为依法作出判断，这其中包括对法律明示以外的垄断行为作出最终判断。考虑到这一问题实践探索不足，各方分歧较大，法律可只作原则规定，由有关方面通过加强行政执法与司法的衔接，在实践中进一步研究探索、凝聚共识。据此，建议将修正草案第三条中的"加强反垄断执法"修改为"加强反垄断执法司法"，并增加"依法公正高效审理垄断案件，健全行政执法和司法衔接机制"的规定。

四、修正草案第八条对垄断协议安全港规则作了规定，明确对于市场份额低于一定标准的经营者，不适用本法有关禁止垄断协议的规定。有的地方、部门、单位和专家学者建议对引入安全港规则再作斟酌；有的建议明确，对于严重限制竞争的横向垄断协议，不适用安全港规则。宪法和法律委员会经研究，建议将上述安全港规则限定适用于纵向垄断协议，明确：对经营者与交易相对人达成的垄断协议，"经营者能够证明其在相关市场的市场份额低于国务院反垄断执法机构规定的标准，并符合国务院反垄断执法机构规定的其他条件的，不予禁止"。

五、有的部门、单位和专家学者建议，对修正草案第十条关于未达到申报标准的经营者集中案件的调查、处理程序进一步予以完善。宪法和法律委员会经研究，建议修改为：经营者集中未达到国务院规定的申报标准，但有证据证明该经营者集中具有或者可能具有排除、限制竞争效果的，国务院反垄断执法机构可以要求经营者申报，经营者未依照规定进行申报的，国务院反垄断执法机构应当依法进行调查。

六、修正草案第十二条规定，国务院反垄断执法机构应当依法加强民生、金融、科技、媒体等领域经营者集中的审查。有的地方、部门建议增加列举重点审查领域；有的常委委员和单位、专家学者提出，经营者集中审查的重点领域将随着形势变化不断调整，法律只作原则要求，为实践留出空间，更为积极稳妥。宪法和法律委员会经研究，建议修改为：国务院反垄断执法机构应当健全经营者集中分类分级审查制度，依法加强对涉及国计民生等重要领域的经营者集中的审查，提高审查质量和效率。

七、修正草案第十五条规定，经营者等"实施"排除、限制竞争行为的，反垄断执法机构可以进行约谈，要求其采取措施进行整改。有的地方、单位和社会公众提出，本条规定的约谈整改，实质上应属于行政措施而不是行政处罚，对象应是"涉嫌"违反本法规定的行为，建议修改相关表述予以明确。宪法和法律委员会经研究，建议修改为：经营者、行政机关和法律、法规授权的具有管理公共事务职能的组织，涉嫌违反本法规定的,反垄断执法机构可以对其法定代表人或者负责人进行约谈,要求其提出改进措施。

八、修正草案第十八条第二款规定,对违法所得难以准确计算的,反垄断执法机构应当将违法所得作为确定具体罚款数额时的考虑因素。有的常委委员和地方、部门、专家学者提出,违法所得的计算问题比较复杂,建议法律中不作规定,相关问题可由执法部门依据行政处罚法有关规定在实践中具体把握。宪法和法律委员会经研究,建议删去这一规定。

九、现行反垄断法第五十三条第二款规定,除涉及经营者集中的相关决定外,对反垄断执法机构作出的决定不服的,可以依法申请行政复议或者提起行政诉讼。修正草案删去了上述规定。有的单位建议恢复现行相关规定,以明确当事人依法申请行政复议或者提起行政诉讼的权利。宪法和法律委员会经研究,建议采纳这一意见。

此外,还对修正草案作了一些文字修改。

5月27日,法制工作委员会召开会议,邀请部分企业、全国人大代表、专家学者、律师、地方市场监管部门和法院等,就修正草案中主要制度规范的可行性、法律出台时机、法律实施的社会效果和可能出现的问题等进行评估。总的评价是:贯彻落实党中央关于强化反垄断和防止资本无序扩张等决策部署,对现行反垄断法进行修改是必要的;修正草案在总结实践经验的基础上，完善相关制度设计，主要制度规范是可行的；修正草案充分吸收了各方面的意见，已经比较成熟。现在出台修改后的反垄断法，进一步明确有关法律规则，有利于稳定市场预期，对维护公平竞争秩序，发展统一、开放、竞争、有序的市场体系具有重要的推动作用。与会人员还对修正草案提出了一些具体修改意见，有的意见已经采纳。

宪法和法律委员会已按上述意见提出了全国人民代表大会常务委员会关于修改《中华人民共和国反垄断法》的决定（草案），建议提请本次常委会会议审议通过。

修改决定草案和以上报告是否妥当，请审议。

全国人民代表大会宪法和法律委员会
2022年6月21日

全国人民代表大会宪法和法律委员会关于《全国人民代表大会常务委员会关于修改〈中华人民共和国反垄断法〉的决定（草案）》修改意见的报告

全国人民代表大会常务委员会：

　　本次常委会会议于 6 月 22 日上午对关于修改反垄断法的决定草案进行了分组审议。普遍认为，修改决定草案已经比较成熟，建议进一步修改后，提请本次常委会会议表决通过。同时，有些常委会组成人员还提出了一些修改意见和建议。宪法和法律委员会于 6 月 22 日晚召开会议，逐条研究了常委会组成人员的审议意见，对修改决定草案进行了审议。财政经济委员会、国家市场监督管理总局有关负责同志列席了会议。宪法和法律委员会认为，修改决定草案是可行的，同时，提出以下修改意见：

一、有的常委委员提出，修改决定草案第三条、第九条以总分结合的形式对平台经济反垄断规则的适用作了规定，但表述不尽一致，建议删除第三条中的"排除、限制竞争"。宪法和法律委员会经研究，建议采纳这一意见。

二、有的意见建议，对修改决定草案第十八条中可以提起民事公益诉讼的人民检察院的层级作出必要限定。宪法和法律委员会经研究，建议限定为设区的市级以上人民检察院。

有的常委会组成人员还对法律的具体实施问题提出了一些意见和建议。宪法和法律委员会建议，在本决定通过后，国务院及其有关部门认真研究常委会组成人员的审议意见，完善相关配套规定，保证法律顺利实施；相关部门要做好宣传解读，为维护市场公平竞争营造良好舆论环境。

经与有关部门研究，建议将本决定的施行时间确定为2022年8月1日。

此外，根据常委会组成人员的审议意见，还对修改决定草案作了个别文字修改。

修改决定草案修改稿已按上述意见作了修改，宪法和法律委员会建议本次常委会会议审议通过。

修改决定草案修改稿和以上报告是否妥当,请审议。

全国人民代表大会宪法和法律委员会
2022 年 6 月 23 日